NC

ORO

Kristy Placido

Cover Design by
Kristy Placido

Chapter Art by
Irene Jiménez Casasnovas

Written by
Kristy Placido

Edited by
Carol Gaab

ISBN: 978-1-940408-01-9

Fluency Matters, P.O. Box 11624, Chandler, AZ 85248

info@FluencyMatters.com • FluencyMatters.com

A NOTE TO THE READER

This novel contains a *manageable* amount of level-one vocabulary and countless cognates (words that are similar in two languages), making it an ideal read for beginning students. All words are listed in the glossary at the back of the book. Keep in mind that many verbs are listed numerous times throughout the glossary, as most are listed in various forms and tenses. (Ex.: I go, he goes, he went, etc.)

Cultural words/phrases and any vocabulary that would be considered beyond a 'novice-mid' level are footnoted at the bottom of the page where each appears. These words are also listed in the glossary.

Although the locations and situations are real, the story itself is fictitious, as are the characters. The story parallels real-life issues that modern day Costa Rica faces. We hope you enjoy reading it! ¡Pura vida!

we ♡ u
Ada!.

Índice

Prólogo

En 2009, un ecólogo, el Doctor David Parker y su hija Makenna fueron a vivir a la 'Hacienda Amigos de las Aves' en Alajuela, Costa Rica. Conocieron a los propietarios de la hacienda: Inés, una mujer de cuarenta y tres años, y sus padres Ricardo y Margarita. Era una familia unida y muy amable.

Inés estaba a cargo de las aves y Makenna aprendió mucho cuidándolas con ella. Makenna estaba muy contenta trabajando en la hacienda hasta que ocurrió un crimen horrible. Resultó que algunos criminales robaron unas aves de la hacienda. Makenna e Inés pensaban que el novio de Inés, Juan Carlos, era el responsable de los robos, pero él, aparte de ser un novio terrible, no era un criminal. Por fin, los agentes de MINAE, una organización del gobierno que protege el medio ambiente y la naturaleza, resolvieron el caso y todo se convirtió en un paraíso nuevamente.

Durante ese tiempo, el padre de Makenna se enamoró de Inés, la hija de la pareja de ancianos, Ricardo y Margarita, que vivían en la hacienda. Su padre, David, e Inés se casaron poco después.

Pero en la vida nada es perfecto de forma permanente ¿verdad? Ya han pasado cinco años y muchas cosas han ocurrido. La madre de Inés, Margarita, murió un año después. Su padrastro[1], Ricardo, murió también poco después (no podía vivir sin Margarita, el amor de su vida). Hubo más robos en la hacienda, e Inés y David decidieron mover la organización a otra parte de Costa Rica. Contrataron a Carolina Figueroa, una amiga de Inés, para trabajar en la nueva hacienda.

Después de terminar sus estudios en Costa Rica, Makenna decidió regresar a Michigan para asistir a la universidad de Michigan State, donde ahora su hermana Alex y su esposo Gabriel trabajan como profesores de Ciencias Ambientales. Alex y Gabriel van a Costa Rica todos los años con un grupo de estudiantes universitarios para hacer proyectos de servicio.

[1]padrastro - stepfather

Capítulo 1
Amigos de las Aves
2010

– ¡Pura vida! –dijo una voz familiar. [voice]

– ¡Hola Carolina! –le respondió Inés a la mujer
que entró.

Carolina era una vieja amiga de Inés y a ella le im-
portaba la naturaleza tanto como a Inés. Carolina trabajaba para una organización que protegía el medio
ambiente y en particular le interesaba la reforestación.
La reforestación era muy importante para el trabajo de
Inés porque sin la selva las aves no tendrían una oportunidad. [birds → would have]

– Oye, Inés... –le dijo Carolina–, quería hablarte
sobre una posibilidad muy interesante. Co-
nozco a un hombre francocanadiense llamado [french - canadian]
Jacques Mauvais que tiene un terreno[1] que
quiere donar. El terreno es perfecto para Uds. [land]
Era una vieja plantación de café pero la
compañía de Jacques ya no puede usar el terreno. Su compañía hace mucho para cuidar el

[1]terreno - land, piece of land

1

medio ambiente, así que es natural que él quiera donar el terreno al refugio.

– ¿Y todo sin costo? ¡Me parece imposible! –respondió Inés.

Inés y Carolina caminaban por la bonita 'Hacienda Amigos de las Aves' mientras hablaban. Era obvio que Carolina estaba emocionada sobre el tema de Jacques Mauvais.

– Ya sé, pero Jacques parece que tiene buenos motivos. Su corporación puede ayudar al medio ambiente y al mismo tiempo, recibir beneficios del gobierno por ayudar a una organización como la nuestra. Todos ganamos –le explicó Carolina, entusiasmada.

– Pues… –pensó Inés–, parece que tienes razón. Todos ganamos. Solo hay un problema. Está bien que tengamos el terreno pero todavía necesitamos dinero para la construcción, los caminos, la electricidad y todo eso.

– Tienes razón, Inés. Pero yo soy optimista, voy a buscar donantes –respondió Carolina con determinación en la voz.

2014

Ya habían pasado[2] cuatro años desde que[3] Carolina aceptó la oferta de trabajar como directora de 'Amigos de las Aves' y un año desde que salió de Alajuela para vivir y trabajar en la provincia de Guanacaste. Realmente le gustaba su trabajo con 'Amigos de las Aves' y quería hacer un buen trabajo. La organización ya tenía terreno

[2]habían pasado - (they) had passed
[3]desde que - since

en Guanacaste, ya que Jacques Mauvais, el hombre <u>francocanadiense</u>, se lo había donado[4], pero no tenía suficiente dinero para construir el refugio.

El terreno estaba situado cerca de la costa Pacífica. Era un sitio perfecto para un refugio de aves. En una parte del terreno había casas y edificios[5] de la vieja plantación de café. Había una casa enorme que serviría de oficinas y dormitorios para los voluntarios. También había varias casas para los visitantes. Había árboles de mango, plátano y limón y los preciosos almendros[6] que producían las almendras que comían las aves en la selva. También había sitios para jardines de flores y vegetales. Todo era perfecto para un refugio de aves, incluso el nombre: 'Hacienda los Almendros'.

El terreno estaba al lado del Río Tempisque. Era un sitio excelente para cuidar a las aves. El terreno era enorme, mucho más grande que la vieja hacienda en Alajuela. Ya tenía casas, edificios y árboles frutales y a la distancia estaban unos cafetales. ¡Era un sitio perfecto!, pero ¿<u>de qué</u> servía tener el terreno si no podía construir

---

[4]*había donado - he had donated*
[5]*edificios - buildings*
[6]*almendros - almond trees (árboles de almendras)*

el nuevo refugio?

Carolina buscaba donantes para completar el proyecto. ¡Era urgente! No podían continuar en Alajuela con todos los robos que ocurrían. En los últimos cinco años habían ocurrido[7] muchos robos y el problema se hizo más grave.

Carolina había llamado[8] a todas las personas que conocía y nadie podía donar el dinero para el proyecto. Tocó el botón en su teléfono celular para finalizar la última conversación y desilusionada, se quedó mirando su lista de contactos.

Vio el nombre de Jacques Mauvais y pensó: «¿*Debo llamarlo? Ya ha donado el terreno. ¿Cómo puedo pedirle más?*». Desesperada, Carolina decidió pedirle el dinero y nerviosa y emocionada, se preparó para llamarlo.

---

[7]*habían ocurrido - (they) had occurred*
[8]*había llamado - she had called*

Capítulo 2
Un amigo de las aves

Carolina estaba nerviosa. Realmente no quería pedirle más a Jacques Mauvais, pero no había otro remedio. Tenía que hablarle de la posibilidad de que donara dinero para completar la construcción del nuevo refugio. El refugio todavía necesitaba casitas, aviarios grandes, una clínica veterinaria, acceso al camino y electricidad. Nerviosa, lo llamó por teléfono:

– Aló…

– Hola Jacques –dijo Carolina con una sonrisa evidente en la voz–. ¿Podemos hablar?

– Carolina, me encantaría hablar contigo –le respondió Jacques muy amable–. Mi chofer va a pasar por ti en el carro a las siete y después cenamos. ¿Te parece bien?

– Me parece excelente. Gracias, Jacques. Nos vemos entonces.

Carolina se preparó cuidadosamente. Quería impresionar a Jacques porque era un hombre rico... ¡y guapo! Seguramente iban a ir a un restaurante fino. Carolina quería que Jacques le ayudara con las finanzas del

refugio, pero también quería llamar su atención. Ella se veía muy guapa.

El chofer llegó exactamente a las siete y llevó a Carolina a una mansión impresionante en la playa. Carolina no comprendía por qué no iban a un restaurante y le preguntó al chofer:

– ¿Adónde vamos? Pensé que íbamos al hotel del Señor Mauvais y después a un restaurante.

El chofer se rio suavemente y respondió:

– El Señor Mauvais no se queda nunca en hoteles. Esta es su casa. Ud. y el Señor Mauvais van a cenar aquí. Jean-Luc les ha preparado una cena especial.

– ¿Jean-Luc? –preguntó Carolina curiosa.

– Claro. El chef. Les ha preparado la cena esta noche.

Con esto, el chofer salió del carro y le abrió la puerta a Carolina. En ese momento, Jacques Mauvais salió de la mansión, caminó hacia Carolina, y le besó suavemente en la mano. Mientras le besaba la mano, la miró a los ojos. Carolina se sintió un poco incómoda por un momento.

– Encantado de verte, Carolina –dijo Jacques.

– Igualmente, Jacques. No sabía que tenías una casa aquí en Costa Rica –respondió Carolina, todavía un poco sorprendida.

– Pues, sí. Solo una casita para cuando quiero escapar de los inviernos fríos de Quebec –comentó Jacques riéndose–. ¿Nos vamos a cenar?

Carolina acompañó a Jacques y notó los dos perros Doberman que estaban sentados atentos cerca de la puerta de la oficina. Ellos la miraron fríamente y no se

movieron. Parecían estatuas. Entraron en un comedor elegante con una mesa enorme y sillas para dos personas, se sentaron y tuvieron una cena deliciosa. Después de la cena, una sirvienta se llevó los platos y Jacques tomó su libreta de cheques y preguntó:

– ¿Cuánto dinero necesitas para completar el proyecto del refugio?

Sorprendida, Carolina exclamó:

– ¿Nos vas a ayudar?

– Pues sí. ¿Cómo no voy a ayudar a una directora tan guapa? –respondió Jacques con voz suave.

Otra vez Carolina se sintió un poco incómoda. Sintió que se estaba sonrojando[1] y dijo:

– Pues, podemos completarlo con $300.000 más. ¿Pero por qué nos quieres ayudar?

Jacques sonrió románticamente y le dijo:

– Quiero ayudarles porque tengo mucho interés en su proyecto. Proteger a las aves es muy importante. Pues...quiero ayudarles, pero hay una pequeña condición: Me gustaría ser parte de la junta de directores[2].

[1] *se estaba sonrojando - she was blushing*
[2] *junta de directores - board of directors*

Capítulo 3
Un donante muy asertivo

Al día siguiente, Carolina llamó a Inés con las buenas noticias[1].

> – ¡Inés! ¡Jacques nos va a dar el dinero para completar el proyecto!

> – ¡No puede ser! ¿Cómo lo convenciste de hacer otra donación? –respondió Inés muy sorprendida.

> – Pues, creo que no pudo resistir mi increíble personalidad –dijo Carolina riéndose–. Y también quiere trabajar en la junta de directores.

Inés hizo una pausa y pensó. Ella no conocía a Jacques y no sabía si le gustaba la idea de confiar tanto en él. Ser parte de la junta de directores era mucha responsabilidad.

> – No sé Carolina. Tengo que pensarlo –respondió Inés indecisa.

> – Pues, piénsalo bien porque con un hombre rico a nuestro lado podemos hacer muy buen trabajo.

[1]buenas noticias - good news

– Sí, claro tienes razón. ¿Por qué no? Saluda a Jacques de mi parte –respondió Inés.

******

Al día siguiente, el chofer de Jacques llegó a la hacienda con muchas cajas[2]. Dijo que Jacques y su hijo iban a vivir en una casa de la hacienda para supervisar el progreso del proyecto. Fue una sorpresa para Carolina. Jacques no había mencionado un hijo, ni había mencionado que quería vivir en la hacienda. Pero por otro lado, ese era un buen indicio de que Jacques estaba tomando su posición en serio y que quería dedicarse por completo a su trabajo nuevo.

Carolina dirigió al chofer a una de las casas que no estaba ocupada por el momento y le dijo que dejara las cajas allí. Más tarde, cuando el chofer se fue, Carolina fue a la casa para ver si todo estaba en orden. Vio que la casa no estaba muy limpia. Tomó nota mental para llamar al servicio de limpieza.

Vio las cajas y empezó a sentir curiosidad. Miró las cajas. Todas las cajas eran iguales. Eran grandes y nuevas y tenían «Orotec» estampado en un lado. También había

[2]*cajas - boxes*

dos maletas, probablemente con la ropa de Jacques y de su hijo. Carolina se preguntaba cuántos años tendría este hijo que Jacques no había mencionado durante la cena.

Mientras Carolina pensaba y miraba las cajas, oyó a una persona entrar. «Ujaaajaaaammmm.» Carolina se dio la vuelta[3] y se encontró cara a cara con un hombre joven y guapo de más o menos veinte años. Era alto y moreno. Tenía una mirada amable y una sonrisa muy

[3]*se dio la vuelta - she turned around*

genuina.

> – ¡Hola! Soy Martín. Encantado –le dijo un hombre joven, ofreciéndole la mano a Carolina.
>
> – ¿Hola? –respondió Carolina, confusa–. ¿Perdona, pero quién eres tú?
>
> – Ah, lo siento, perdone. Soy Martín, el hijastro de Jacques Mauvais. Estoy aquí para trabajar con él en el nuevo proyecto. ¿Él no le dijo nada a Ud.?

Carolina se rio. Martín era una sorpresa. Mientras

que Jacques era muy formal, siempre con la ropa elegante, cabello perfecto y conversación muy formal y controlada, su hijo, es decir, hijastro, era todo lo contrario. Tenía tres tatuajes que Carolina podía ver, su pelo estaba completamente desordenado y hablaba de una manera informal.

> – No, no me dijo nada. Hoy su chofer llegó y me avisó que Jacques iba a vivir aquí con su hijo… eh… hijastro. Dejó este montón de cajas y se fue. La casa no está muy limpia. Lo siento. Voy a llamar a un servicio de limpieza.

> – Eso no va a ser necesario. Jacques y yo podemos limpiarla.

Carolina movió la vista hacia la puerta y vio a Jacques Mauvais. Los ojos le brillaban con la sonrisa. Había algo en su mirada… un poco de misterio y un poco de peligro. A Carolina le gustaba mucho y no sabía exactamente por qué.

> – Hola, Jacques –le dijo Carolina sonrojándose un poco al verlo–. Tengo tus cosas aquí. El chofer las dejó hace una hora.

Jacques la saludó con dos besos.

> – Carolina, por favor, tengo un montón de trabajo, así que si me puedes perdonar, tengo que

15

hacer unas llamadas telefónicas. ¿Puedes cenar conmigo esta noche? ¡No aceptaré un no por respuesta!

A Carolina le gustó como Jacques tomó control de la situación. Era un hombre fuerte, siempre en control, siempre llamando la atención. Respondió:

– Pues, claro que me gustaría cenar contigo.

Capítulo 4
Un predicamento incómodo

Carolina pensó: «*Uf, no sé a qué hora voy a cenar con Jacques. Voy a confirmar la hora*». Ella ya estaba en su oficina y tuvo que caminar unos quince minutos para volver a la casa de Jacques y Martín, pero era un día bonito y decidió caminar en vez de llamar por teléfono.

Ella sentía mucha felicidad al caminar por el refugio. Imaginaba todos los cambios que iban a ocurrir con la ayuda financiera de Jacques. Todo iba a salir muy bien. Le gustaba mucho Jacques y pensó que posiblemente habría un futuro romántico con él.

Llegó a la casa y no oyó nada. Tocó a la puerta pero nadie respondió. Entró y llamó:

– ¿Jacques? ¿Estás aquí?

Al ver que Jacques no estaba en casa, otra vez Carolina empezó a sentir una intensa curiosidad sobre el contenido de las cajas.

Caminó un poco por la casa, mirando las cajas. Tocaba las cajas suavemente. Estaban bien cerradas. Vio una caja que parecía abierta. Estaba al otro lado de la sala cerca de la ventana. Ella sabía que no era correcto

awareness

mirar en las cosas de Jacques, pero a ella le gustaba
Jacques y su curiosidad era más intensa que su concien-
cia. Inquisitiva, caminó silenciosamente al otro lado de
la sala. Levantó la tapa de la caja. Hizo una pausa y miró
por la ventana. No vio nada y no oyó nada. Vio el contenido de la caja. Había una laptop con «Orotec» escrito
en la tapa. Había muchos papeles, CDs, memorias de
USB y todo llevaba el nombre de 'Orotec.' Miró los papeles, pero todo estaba en francés y Carolina no entendía.

Carolina empezó a poner la tapa en la caja cuando oyó voces. Oyó la voz de Jacques y no estaba nada contento. Estaba gritando:

– ¡Tú sabes perfectamente que no te vas a ir de aquí! ¡Eres tan tonto como tu madre tica! ¡Y si quieres ese dinero vas a cerrar la boca y a hacer tu trabajo!

costa Rican

Carolina no podía creer lo que estaba oyendo. Miró por la ventana y vio que Jacques le estaba gritando a su hijastro Martín. Ella no podía ver la cara de Martín. Martín no respondía.

En ese momento Jacques empezó a caminar hacia la casa. *«¡Nooooo!»*, pensó Carolina. *«¡No puede verme aquí!»*. El corazón de Carolina palpitaba fuertemente. Se sintió muy nerviosa. ¿Cómo podía explicarle a Jacques que estaba en su casa, con una de sus cajas con la tapa abierta? En ese momento quiso escapar pero no vio la oportunidad.

throbbed

Carolina oyó la puerta. Jacques abrió la puerta y la cerró fuertemente. No oyó la voz de Martín. Imaginó que Martín no quería entrar en la casa con su padrastro después de su discusión. Ella se escondió detrás de una caja grande y esperó a que Jacques no la viera. Oyó a Jacques fear

caminando y tuvo mucho miedo. Si Jacques la encontraba, no iba a querer trabajar con ella, ni hablar de un
futuro romántico. Ella oyó los tonos de un teléfono…
Jacques estaba haciendo una llamada telefónica. Ella
guardó la respiración y esperaba su oportunidad de escapar.

shades

Capítulo 5
Un encuentro casual

– ¡Ya llegamos! –gritó el profesor a sus estudiantes.

El Dr. Gabriel Ording era profesor de Estudios Ambientales de la universidad de Michigan State. Era alto, rubio y muy amable. A todos los estudiantes les encantaba. Él pensaba que era muy formal que sus estudiantes lo llamaran 'profesor', así que insistía en que lo llamaran Gabriel.

Gabriel era el esposo de la Dra. Alex Parker-Ording. Ella también era profesora y trabajaba con él. Todos los años, llevaban a sus estudiantes a distintos lugares para estudiar el impacto de las actividades de los humanos en el medio ambiente. Alex tenía una pasión particular por la selva tropical porque su padre era ecólogo en Costa Rica y ella visitaba Costa Rica frecuentemente.

Llegaron a la 'Hacienda los Almendros' con un grupo de diez estudiantes para pasar tres semanas, pero no iban a pasar unas vacaciones, iban a ayudar con la construcción de los aviarios del refugio. También iban a estudiar el impacto de los humanos en los hábitats de las aves.

– ¡Qué bonito! –exclamó Makenna.

Makenna era estudiante de Gabriel y la hermana de Alex. Había pasado tres años viviendo en la 'Hacienda Amigos de Las Aves' en Alajuela y trabajando con las aves allí. Ella ya sabía mucho y estaba muy emocionada de trabajar en Guanacaste, en el nuevo refugio. Era muchísimo más grande que la 'Hacienda Amigos de las Aves'.

Todos fueron a dejar sus maletas en sus dormitorios en la casa grande de la hacienda. Makenna dejó su maleta y se fue inmediatamente a explorar. Vio iguanas tomando el sol y aves de muchos colores. Makenna caminó un poco más y llegó al lado de un río. Vio un cocodrilo tomando el sol al lado del río y decidió mantenerse a distancia de él. Caminó en otra dirección y vio a un muchacho sentado en una roca.

No era un muchacho de su grupo, pero era joven. Parecía que tenía más o menos veinte años. Era muy guapo. Era alto, moreno y tenía varios tatuajes. No parecía contento. Tenía cara de enojo. Makenna le dijo:

– Buenos días.

El muchacho no respondió, ni la miró. Makenna caminó hacia el muchacho y vio que tenía auriculares[1] en los oídos[2] y escuchaba música. Caminó más cerca y Makenna pudo oír la música. Él escuchaba música metal y la escuchaba fuertemente.

Tenía los ojos cerrados. Makenna le tocó el brazo y el muchacho abrió los ojos. Vio a Makenna, sonrió y se sacó los auriculares.

– Buenos días –repitió Makenna–. Soy Makenna.

– Buenos días. Pura vida –respondió el muchacho–. Soy Martín. ¿Quieres sentarte?

Makenna se sentó en otra roca. Habló con Martín por mucho tiempo. Era un muchacho muy simpático. Makenna le explicó su programa de estudios y Martín le explicó que su padre trabajaba en el refugio y que él estaba ahí para ayudarle. Hablaron mucho y entonces Martín le dijo a Makenna:

– Tengo que trabajar ahora. Tengo que sacar unas plantas de café donde tu grupo va a construir un aviario mañana. ¿Quieres ir conmigo? Yo sé

[1] auriculares - earphones
[2] oídos - ears

que vas a estar muy impresionada con mis
fuertes músculos.

Makenna se rio.

– Ah, claro –respondió con sarcasmo–. ¡Eres
taaaan fuerte! Pues, tú vas a ver que yo soy
fuerte también. ¡Voy a ayudarte!

Martín se rio y los dos caminaron hacia los cafetales.
Había un tractor. Martín lo miró y le dijo a Makenna:

– Tú tienes que poner la soga en la planta de
café, y yo la saco con el tractor.

Ellos trabajaron mucho y después se sentaron para
tomar agua. A Makenna le gustaba trabajar con Martín.
Martín miró a Makenna y le dijo:

– Pensaba ir a Playa Panamá esta noche. ¿Quieres ir conmigo? Podemos cenar. Quiero darte
las gracias por ayudarme hoy. También si te
gusta bailar hay muchos lugares buenos para
bailar.

– No sé –respondió Makenna–. ¿Tengo que bailar esa música metal que escuchabas? Creo
que no puedo.

– No, tonta –dijo Martín, riéndose y con una
sonrisa romántica, se levantó y bailó un poco

sin música–. Vamos a bailar salsa –le dijo tomándole de la mano.

– Qué buen ritmo tienes –Makenna respondió
flirteando–. Sí, voy contigo. Ven a mi casa a las
siete. Estoy en la casa grande.

– Pura vida, nos vemos.

Makenna se levantó y Martín le dio un beso en la
mano. Ella caminó a su casa para sacar su ropa de la maleta. Vio a su hermana, Alex.

– Hola Makenna. ¿Dónde estabas? Te buscaba.

– Hola, pues salí a caminar.

– ¿No te vi hablando con un chico? –dijo Alex
con una sonrisa–. ¿Haciendo amigos?

Makenna sintió que se sonrojaba y respondió:

– Pues sí, y voy con él a Playa Panamá esta
noche.

Capítulo 6
Una noche de romance

A Alex no le gustó la idea de que Makenna bailara en Playa Panamá con Martín. No le gustaba la idea de Makenna en una moto con un chico desconocido[1] en un área desconocida. Alex miró a Martín con sus tatuajes y su música metal y no quedó muy impresionada.

Ella recordó la situación de hacía cinco años cuando las malas decisiones casi le habían costado la vida a Makenna. A Alex le sorprendía que su hermana no pensara en los peligros. ¿Makenna no recordaba los eventos horribles de esa noche en Curú? ¡Casi murió en manos de hombres desconocidos! Alex no quería que se repitiera otra situación peligrosa.

Makenna le insistió en que Martín no era peligroso y que ya era adulta… y que su hermana no tenía autoridad para decirle que no podía ir a la playa con Martín. Pero Alex estuvo firme: Makenna no iba sola. Así que todo el grupo iba a ir a Playa Panamá. Iban a ir en un microbús.

Cuando Martín llegó a las siete para recoger a

[1]*desconocido - unknown*

Makenna se sorprendió al ver el microbús. Makenna no quería decirle que estaba obedeciendo a su hermana. Simplemente dijo:

> – El grupo va a Playa Panamá también. ¡Súbete al bus!

Fueron primero a una soda para comer. La comida era deliciosa y todos comieron mucho. Después, fueron a una discoteca pequeña en la playa. Había muchas personas en la discoteca pequeña. Makenna y Martín bailaron. Makenna sabía bailar salsa porque vivió en Costa Rica, ¡pero Martín bailaba salsa como un experto! Bailaron mucho y Makenna estaba cansada. Fue un día largo y ella quería sentarse.

> – Martín, tengo calor y estoy cansada –le dijo a Martín–. ¿Quieres sentarte conmigo en la playa?

Los dos salieron de la discoteca. Alex vio a Makenna salir y quiso salir también. Desde que su madre había muerto, Alex quería proteger a su hermanita. Pero Gabriel agarró la mano de su esposa.

> – Alex, déjala salir. No te preocupes. Makenna es una muchacha inteligente. No pasa nada. Relájate. ¡Baila conmigo!

Makenna y Martín se sentaron en la arena[2] y miraron el mar. La luna[3] les permitía ver la arena negra de la playa. Cuando la luz de la luna brillaba sobre la arena negra, parecía que había oro o diamantes sobre la arena. Era una noche bonita. Estuvieron sentados durante mucho tiempo, mirando y escuchando el mar. Entonces, Martín miró a Makenna y los ojos de Makenna hicieron

contacto con los ojos de Martín. Makenna pensó con anticipación: *«¿Me va a besar?»*.

Justo en ese momento, Makenna oyó la voz de su hermana:

     – ¡Makenna! ¡Vamos! ¡El bus se va!

Makenna estaba un poco irritada porque quería un beso de Martín. Sin besar, ellos se levantaron de la arena y caminaron al bus.

*****

[2]*arena - sand*
[3]*luna - moon*

Llegaron a la 'Hacienda los Almendros' y Makenna pensó que posiblemente Martín la iba a besar finalmente. Todos los estudiantes fueron a sus dormitorios pero Makenna y Martín hablaban enfrente de la casa grande. Martín tenía la mano de Makenna en su mano cuando un hombre caminó hacia ellos.

– Ah, aquí estás mijo. Te buscaba –dijo el hombre.

– Papá, está es Ma... –empezó Martín.

– Ya, ya, ya, realmente a mí no me importa conocer a tu amiguita. Tú no estás aquí para conocer chicas. Estás aquí para trabajar. Y tenemos que trabajar en la mañana, así que es hora de dormir. ¡Vete!

Humillado, Martín dejó la mano de Makenna y se fue. No dijo nada. Caminó con ese terrible hombre a su casa y cerró la puerta.

Capítulo 7
Relaciones tensas

Al día siguiente, los estudiantes fueron con Alex y Gabriel para construir un nuevo aviario. Gabriel habló con el grupo:

> – Aquí en Guanacaste, una especie de ave, la lapa verde está en peligro. Una comida importante en su dieta es la almendra. ¡Para una lapa verde, las almendras valen más que el oro! Aquí en la 'Hacienda los Almendros', están trabajando para conservar los almendros y plantar más. Por eso, están sacando los cafetales para plantar más almendros. Aquí vamos a construir un aviario para las aves. Vamos a poner un almendro dentro del aviario para que coman directamente del árbol.

Makenna trabajó toda la mañana con los otros estudiantes, su hermana, Alex, y Gabriel. Makenna no vio a Martín. En la tarde, después de comer, Makenna decidió buscarlo. Ella lo encontró otra vez al lado del río escuchando su música metal. Cuando Martín vio a Makenna, se sacó los auriculares y sonrió.

– ¡Pura vida! –le dijo Makenna riéndose.

– Pura vida, guapa.

Makenna sintió sonrojarse, pero le gustó la atención. Makenna continuó:

> – Pues, ¿parece que tu papá estaba de mal humor?

Martín tuvo una mirada de disgusto en su cara cuando Makenna mencionó a Jacques.

> – Corrección: padrastro –respondió Martín con voz de enojo–. Jacques no es mi padre, es mi padrastro. Es un bruto abusador y lo odio[1].

[1] lo odio - I hate him

Makenna estaba un poco sorprendida por su reacción y le preguntó:

– ¿Lo odias? Entonces ¿por qué vives con él?

– Es complicado. Tengo que ir a trabajar. Lo siento.

Entonces, Martín salió caminando. Makenna se sintió como una tonta. ¿Por qué tuvo que mencionar a su padrastro? Obviamente era una situación difícil. ¡Qué tonta!

Martín regresó cinco minutos más tarde y le dijo a Makenna:

– Hola, guapa.

Makenna estaba sorprendida otra vez.

– Hola. ¿Ya regresaste?

– Sí. Quería explicarte la situación. Mi relación con mi padrastro no es nada normal.

Makenna escuchaba mientras Martín le explicaba todo. Dijo que su madre era una tica, la hija de los dueños[2] de una compañía de café. Su padre los abandonó a él y a su madre cuando Martín era un bebé. Cuando tenía doce años, su madre se casó con Jacques. Tenían un matrimonio muy bueno por dos o tres años, pero luego, su

[2]dueños - owners

33

relación se convirtió en una relación hostil… y un poco abusiva. Un día, cuando Martín tenía catorce años, su madre fue a visitar a una amiga y nunca regresó. Fue un caso misterioso hasta que[3] dos años más tarde encontraron su cadáver.

Martín hizo una pausa y Makenna podía ver que quería llorar. Pero Martín no lloró y continuó la historia:

> – Mi madre era una mujer muy rica. Me dejó un montón de dinero. Pero el problema es que en su testamento, mi madre declaró que mi padrastro controlara el dinero hasta que yo llegara a los veinticinco años.

Martín explicó que ahora su padrastro lo obligaba a trabajar y que todo el dinero estaba al control de Jacques. Jacques controlaba todo.

> – Realmente solo quiero asistir a la universidad. No quiero ser rico. Quiero estudiar, trabajar y tener una vida normal. Como tú –le dijo Martín con voz triste.

Makenna miró tristemente a Martín y pensó: *«¿Por qué Jacques tiene interés en este refugio? Obviamente hay algo aquí que quiere»*.

[3]hasta que - until

Capítulo 8
Un día de sorpresas

El día siguiente era sábado. Makenna había planeado dormir hasta tarde. ¡No estaba acostumbrada a tanto trabajo físico! Pero Martín tenía un plan diferente. Makenna oyó un sonido. Algo pegó en su ventana. Vio la hora en su teléfono celular. ¡Eran las nueve de la mañana! ¡Uy! Disgustada, se levantó para investigar la causa de los sonidos. Fue a la ventana y vio a Martín. Él tenía una sonrisa enorme y gritó:

> – ¡Guapa! ¡Ven! Te tengo una sorpresa. Ponte za-
> patos cómodos y un traje de baño.

Confundida, Makenna se puso el traje de baño, los shorts, y sus botas de montaña. Entonces, salió y le preguntó a Martín:

> – ¿Adónde vamos?

> – Ya verás –respondió Martín–. ¡Te dije que era
> una sorpresa! Súbete a la moto.

Makenna se subió a la moto detrás de Martín. No quería que Alex la viera porque Alex siempre estaba paranoica de que algo terrible le fuera a pasar a Makenna. Makenna ya tenía veinte años y no necesitaba pedirle permiso a su hermana para salir con un muchacho. Makenna abrazó a Martín y se fueron.

Pasaron unos cuarenta y cinco minutos en la moto y Makenna no vio nada sorprendente. Estaban en medio de la nada. Makenna vio un letrero que decía «Cataratas». Martín aparcó la moto y había dos mujeres que estaban pidiendo dinero para la escuela local. Martín les dio dos mil Colones y los dos caminaron hacia la selva. Makenna oyó un sonido fuerte. Oyó agua.

Después de cinco minutos caminando, Makenna vio

las cataratas más grandes que había visto[1] en la vida.

> – ¡Martín! –exclamó Makenna–. ¡Qué bonito!

> – Gracias, ¿pero qué opinas de las cataratas? –le respondió Martín riéndose–. Se llaman Llanos de Cortez.

> – Ja ja. Sí, tú eres muy bonito, pero yo hablaba de las cataratas.

> – ¿Quieres nadar?

[1]había visto - had seen

Nadaron y después Martín sacó dos toallas y unos sándwiches. Los dos comieron y hablaron. ¡Era una sorpresa perfecta! Martín tomó la mano de Makenna y la miró a los ojos. ¡Makenna creía que la iba a besar cuando una familia con seis niños llegó gritando! Los niños corrían y gritaban en el agua. Los padres miraron a Martín y a Makenna y sonrieron. Con una sonrisa Martín le dijo a Makenna:

– ¿Quieres salir?

Se subieron a la moto y salieron para la 'Hacienda los Almendros' cuando vieron un camino diferente. Era más grande y más moderno. Vieron un letrero. El letrero decía: «No entre. Entrada prohibida por el gobierno de Guanacaste, CR».

> – Qué raro –dijo Martín–. Es sábado. Probablemente no hay nadie. ¿Quieres ver a dónde va este camino?

> – ¿Por qué no? ¡La última vez que exploré un camino desconocido llegué a unas cataratas increíbles! Estamos muy cerca de la hacienda, ¿verdad?

> – Creo que sí. Es raro… nunca había visto este camino.

Procedieron por el camino, pero lentamente. No querían problemas, pero era interesante explorar. Después de unos minutos, vieron una casita de guardias.

– No podemos pasar por ellos –dijo Makenna.

– En moto, no –respondió Martín–. Vamos a dejar la moto aquí y caminar un poco.

Los dos dejaron la moto detrás de unas plantas y empezaron a caminar. Parecía raro ver una casita de guardias en un área remota. Caminaron un poco más y vieron un carro. En la casita de guardias el chofer habló con el guardia y luego se fue. Martín y Makenna se escondieron

para que el chofer del carro no los viera.

Con una mirada de sorpresa y un poco de terror, Martín exclamó:

– ¡Ese era mi padrastro!

Después de que el carro de Jacques desapareció, Makenna y Martín decidieron caminar un poco más. No querían que los guardias los vieran, así que no caminaron en el camino. Caminaron en la selva. Llegaron a una valla². Era muy alta, como si fuera una base militar. No podían ver nada porque había muchas rocas y el lugar era montañoso. Continuaron caminando al lado de la valla, con mucho cuidado para que nadie los viera. Después de unos minutos de caminar, vieron a unos hombres trabajando al lado de la valla. Estaban plantando árboles.

– Me gustaría hablar con ellos –dijo Martín.

– Están fuera de la valla. No tenemos que entrar en la zona prohibida para hablar con ellos – respondió Makenna.

Caminaron hacía los hombres y los hombres los vieron y dejaron su trabajo.

– ¿Qué quieren? –gritó uno de los hombres.

²*valla - fence*

– Nada, estábamos caminando y los vimos plantando árboles. ¿Necesitan ayuda? –dijo Martín con una sonrisa.

– No. Salgan de aquí. No hay nada aquí para ver –respondió el hombre, enojado–. Eres el hijo de Jacques, ¿verdad? ¿Él sabe que tú estás aquí?

– No sé. Soy adulto. No tengo que pedir permiso a mi padre para caminar en la selva.

En ese momento Martín parecía un poco enojado también. Makenna le tocó el brazo a Martín y le dijo:

– Vamos, no hay nada aquí para nosotros.

– Escucha a tu novia, Martín. No hay nada aquí –dijo el hombre riéndose cruelmente.

Y nerviosos, Martín y Makenna se fueron.

Capítulo 9
La confrontación

Martín regresó a su casa. Sabía que tenía que enfrentar a su padre y preguntarle lo que pasaba al otro lado de la valla. Escuchó la voz de su padre hablando por teléfono en la oficina: «No, no sabe nada… sí, no va a causar más problemas… hablaré con Martín… sí esa chica no importa, es una estudiante americana… ella puede desaparecer si es necesario… sí… hasta luego». Martín escuchó a su padre y pensó: *«¿Desaparecer? ¿Estaba hablando sobre Makenna? Esta situación era absurda».* Martín entró en la oficina de su padre sin tocar a la puerta.

– Papá, tenemos que hablar. ¿Qué está pasando aquí? ¿Qué haces con mi dinero?

Jacques sonrió pero tenía la mirada fría y una expresión de enojo.

– Pues, mijo, estaba hablando de ti ahora mismo. Ven, siéntate. Quiero hablar contigo.

– Papá yo sé que hay algo aquí que no es correcto. Yo quiero saber la verdad. –demandó Martín.

Jacques se levantó y caminó hacia Martín. Estaba muy cerca. Estaban cara a cara. En un tono furioso, le dijo:

> – Tú no necesitas saber nada. Tú vas a obede-
> cerme y a hacer tu trabajo, o nunca vas a ver
> ese dinero. ¿Me entiendes… *hijo*?

Martín se sintió enfurecido en ese momento, pero también tenía miedo de su padrastro. El muchacho se levantó y salió.

Fue a buscar a Makenna. En el poco tiempo que conocía a Makenna, sentía que ella ya era muy importante para él. Cuando escuchó a su padrastro hablar de Makenna, lo odió más.

Encontró a Makenna al lado del río, sentada en la roca donde se habían conocido hacía pocos días.

> – ¿Hablaste con tu padrastro? –preguntó Makenna.
>
> – Sí. No sé qué hacer. Lo odio. Creo que él puede ser un criminal. No sé qué pasa, pero no es nada bueno.
>
> – Creo que necesitamos ver lo que pasa dentro de esa valla.

Capítulo 10
Una investigación peligrosa

Makenna y Martín caminaron hacia el río. Sabían la dirección de la valla pero no sabían exactamente como llegar. Necesitaban cruzar el río, pero el río era grande. Caminaron lo que parecía una larga distancia. La corriente del río era fuerte y Makenna podía oír el sonido del agua pasando por las rocas.

Por fin llegaron a un puente. Era un puente viejo, de bambú y sogas, y Makenna tenía miedo de cruzarlo. Makenna se imaginaba un accidente terrible… no quería poner el pie en el puente. No quería imaginar las rocas abajo en el río. Martín vio el miedo en los ojos de Makenna pero no dijo nada, no necesitaba decir nada. Sabía que Makenna no quería cruzar.

Martín puso el pie en el puente con mucho cuidado. Caminó un poco en el puente y el puente parecía fuerte. Entonces, regresó y extendió la mano hacia Makenna. Con mucho cuidado, Makenna aceptó la mano de Martín y cruzaron. Llegaron al otro lado del río y Makenna por fin respiró.

– Martín, ¿vamos en la dirección correcta? –preguntó Makenna.

– Creo que sí. ¿Ves el sol? Es el oeste. Tenemos
que ir al oeste.

Caminaron un poco más y llegaron a unas rocas
grandes. Tuvieron que escalar las rocas. Cuando llegaron
al otro lado de las rocas, vieron la valla. No vieron a los
hombres que estaban plantando árboles. No vieron
cafetales. Era raro porque el padrastro de Martín había

dicho que era una plantación de café en el pasado. Llegaron a la valla pero no encontraron una manera de cruzar la valla. Podían oír maquinaria de construcción a la distancia.

> – Mira, Makenna, ¡podemos pasar por la valla aquí! –le dijo Martín entusiasmado.

Había un lugar donde un animal había excavado debajo de la valla. Tuvieron que excavar un poco más pero podían cruzar por debajo de la valla. Después de poco tiempo, cruzaron la valla y cuando la cruzaron, vieron que no había mucha vegetación. Era muy raro. No había nada. Era como un desierto.

> – ¿Qué pasa aquí? –dijo Martín.

> – No sé –respondió Makenna–. Pero algo está ocurriendo aquí.

Martín caminó un poco más cuando Makenna gritó:
– ¡CUIDADO!

Martín miró hacia abajo y vio que estaba al lado de un abismo enorme.

– Dios mío, ¿¡qué es esto!? –exclamó Martín.

El corazón de Martín palpitaba fuertemente. A Makenna realmente no le gustaba esa situación para nada. Ella observó el abismo y vio maquinaria de construcción. No vio trabajadores, pero era sábado. Probablemente estuvieran en casa con sus familias. Ella examinó las máquinas[1] y vio «Orotec» en todas las máquinas. Martín comentó:

> – Orotec es el nombre en todas las cajas en mi casa. ¿Qué hace mi padrastro?

*****

Volvieron a la hacienda y quisieron hablar con Carolina. No encontraron a Carolina en su oficina, ni en su casa. Pasaron por la casa de Martín donde oyeron voces. Miraron por la ventana y vieron a Jacques y Carolina.

[1] máquinas - machines

Tenían una botella de champán. Parecía que estaban celebrando. Oyeron a Carolina cuando levantó su champán y dijo: «Al nuevo director de la 'Hacienda los Almendros'. ¡Felicidades, Jacques!». Entonces, Carolina y Jacques tomaron el champán y Carolina sacó un papel. Jacques escribió en el papel y después besó a Carolina.

Martín y Makenna observaban todo, completamente estupefactos[2].

---

[2]*estupefactos - stupefied, shocked, confused*

Capítulo 11
Acusaciones ignoradas

El siguiente día era domingo. Makenna sabía que tenía que hablar con su hermana y fue a su dormitorio a las siete de la mañana.

> – ¡Alex! ¡Gabriel! ¡Despiértense! Tengo que hablar con Uds.

Gabriel, que normalmente estaba de buen humor, no parecía muy contento al ver a Makenna en su dormitorio a las siete de la mañana.

– Makenna, es domingo. ¿Por qué estás aquí? –dijo Gabriel irritado.

– Ya dije que tengo que hablar con Uds. ¡Es importante!

Makenna les explicó la situación de Jacques Mauvais, de Carolina y del abismo que habían encontrado. Alex y Gabriel escucharon, pero tenían una mirada de irritación.

– Makenna –dijo Gabriel–, no quiero decir que no te creo, pero esto parece absurdo. No tienes evidencia de nada. Las máquinas son parte del plan de reforestación. No pasa nada.

Alex escuchó a Gabriel y continuó el sermón:

– Makenna, yo sé que te gustan las aventuras. Pero no todo en la vida es un episodio de Scooby Doo. No tienes que buscar misterios todos los días. Relájate por favor. Y por favor, cierra la puerta cuando salgas. ¡Quiero dormir!

Makenna salió y caminó hacia la casa de Martín. No quería ver a Jacques, pero necesitaba hablar con Martín. Tocó a la puerta. Jacques abrió la puerta con una sonrisa.

– Hola Makenna. ¿Buscas a Martín? Él no está aquí. Fue a Liberia para hacer un trabajo para mí. No va a regresar hasta el martes.

Makenna estaba sorprendida porque Martín no había mencionado nada sobre un trabajo en Liberia.

– Gracias –le respondió Makenna–. Lo buscaré el martes.

Jacques le cerró la puerta en la cara sin decir adiós y Makenna empezó a caminar en dirección a su casa. ¿Posiblemente pudiera[1] convencer a su hermana?... No. Tuvo otra idea.

Makenna es-
peró detrás de
unas plantas
hasta que vio a
Jacques salir de
la casa. Entonces
fue a la puerta.
Estaba cerrada y
no pudo entrar.
Fue detrás de la
casa y encontró

[1]pudiera - she could

una ventana abierta. Ella entró fácilmente por la ventana.
Buscó por la oficina y encontró unos papeles. Encontró
un papel que indicaba que ¡Jacques había vendido la ha-
cienda a la compañía Orotec! Otro papel indicaba que
Jacques era el director de la 'Hacienda los Almendros'.
Estupefacta, Makenna salió de la casa de Jacques. Re-
gresó a su dormitorio e hizo planes para el día siguiente.
¿Cómo iba a resolver la situación?...

*****

El lunes, Makenna se despertó, agarró su teléfono y abrió su laptop. Buscó el número del Ministerio de Ambiente y Energía y nerviosa, lo llamó. «rin rin… rin rin… rin rin… » Por fin, oyó la voz de una mujer en el teléfono:

> – Ministerio de Ambiente y Energía. ¿En qué puedo ayudarle? –dijo la mujer.

> – Buenos días. ¿Podría hablar con el agente Juan Carlos Cabezudo?

> – Claro. Un momento.

> – Gracias –le respondió Makenna, sorprendida que era tan fácil hablar con Juan Carlos.

Makenna reconoció la voz de Juan Carlos inmediatamente. Ella recordó al instante la terrible noche cuando estaba con Inés, la mujer que ahora era su madrastra. Capturadas por criminales que robaban huevos de la selva, Juan Carlos las salvó. Juan Carlos era una persona terrible pero ella no conocía a nadie más que pudiera ayudarla.

> – Buenos días. Soy Makenna Parker. ¿Me recuerdas?

> – ¡Ja ja ja! ¡Claro que sí! La niña que yo rescaté en la selva. ¿Qué quieres? ¿Está tu gato

atrapado en un árbol?

Makenna realmente quería decirle a ese bruto cuál era realmente su opinión de él... pero lo necesitaba. Ese bruto podía ayudarla.

> – No, ja ja... Tengo un problema –le respondió Makenna, intentando hablar con un tono amable–. Pues, creo que tengo un problema. Llamo de la 'Hacienda los Almendros' en Guanacaste. Hay un hombre aquí llamado Jacques Mauvais. Creo que él es un criminal. Está controlando la Hacienda y tiene una compañía aquí que se llama Orotec. Tiene un montón de cajas y papeles. No sé lo que es ,pero vi un abismo enorme en medio de la selva y hay mucha maquinaria.

> – Makenna… no oigo nada que indique que éste hombre haya cometido un crimen. No puedo arrestar a una persona porque tú crees que es malo. Llámame cuando tengas información que pueda usar. Deja las investigaciones a los investigadores.

Clic.

Capítulo 12
Noche de oro

El martes Makenna se despertó. No sabía a qué hora iba a regresar Martín. Estaba un poco nerviosa. Le dijo a Alex que no se sentía bien y que quería dormir. Makenna tenía que encontrar evidencia. Sabía que Jacques era un criminal, pero no sabía exactamente qué tipo de criminal. *¿Era peligroso? ¿Era capaz de un homicidio?*

Otra vez fue a la casa de Jacques y cuando él salió, ella entró por la ventana. Tenía su teléfono celular para sacar fotos de la evidencia. Encontró los papeles y sacó fotos de todos. También sacó fotos de las cajas con el nombre «Orotec». Encontró una caja con la tapa abierta. Abrió la caja y vio una laptop. Abrió la computadora y pulsó el botón. *«Biiiiip»* llamó la computadora, y Makenna casi tuvo un ataque cardiaco. Copió mucha información de la

57

computadora a su teléfono celular. Podía contener información importante.

Salió de la casa y tuvo que ir a trabajar con el grupo de estudiantes. Más tarde quería regresar al abismo al otro lado de la valla cuando Martín regresara de Liberia.

Makenna trabajó el resto de la tarde construyendo aviarios. Estaba muy cansada y solo quería dormir, pero necesitaba completar su misión. Llamó por teléfono a Martín pero fue directo al buzón[1]. Fue a buscar a Martín. Lo buscó en la casa, pero no había nadie en su casa. Luego, fue a buscarlo a la roca al lado del río y cuando no lo vio allí, decidió que iría al abismo sola, sacaría las fotos mientras había la luz de día y regresaría con la evidencia.

Caminó al lado del río y llegó al puente. No quería cruzar el puente sin Martín. Otra vez tenía imágenes terribles en su imaginación de su cadáver debajo del puente en las rocas. Pero sabía que tenía que cruzar. Era casi de noche. No tenía mucha luz para sacar fotos. Con cuidado puso un pie en el puente. Parecía fuerte... Empezó a caminar y lo cruzó. Escaló las rocas grandes. Caminó un poco más y llegó a la valla. Encontró el lugar

[1]*buzón - mailbox (voicemail)*

donde podía pasar por debajo de la valla y entró en la zona prohibida.

Quería sacar muchas fotos porque no sabía exactamente lo que buscaba. ¿Por qué cuidaban un abismo? ¿Por qué excavaban? ¿Por qué quería Jacques trabajar con el refugio? Tenía muchas preguntas y necesitaba respuestas. Podría dar las fotos a Juan Carlos. Posiblemente él sabría lo que pasaba aquí.

Caminó con mucho cuidado al lado del abismo enorme. Empezó a sacar fotos con su teléfono. No quedaba más de una hora de luz. Tendría que trabajar rápidamente. Usó el zoom para sacar fotos de la maquinaria. También sacó un video de toda el área. Con satisfacción, empezó a caminar a la valla para regresar a su casa. Ya era de noche y ella solo quería dormir.

– ¿Qué tenemos aquí? ¿Una turista americana sacando fotos de la naturaleza de Costa Rica?

Makenna oyó una voz familiar. Era la voz de Jacques Mauvais. Makenna miró en la dirección a la voz y vio a Jacques… ¡y a Martín! Dos hombres tenían agarrado a Martín. Los hombres tenían uniformes de guardias. Eran los guardias de la casita que Makenna y Martín habían

visto el sábado. Martín no se veía bien. Tenía los ojos morados y le salía sangre de la nariz. Parecía que caminaba con dificultad.

– Makenna, ¡corre! –dijo Martín con voz firme.

Jacques se rio y dijo con voz siniestra:

– Makenna, no seas idiota. Si tú corres, mis oficiales van a tirar a tu pobre novio a la mina de oro.

– ¡No! ¡Por favor! ¡No lo haga! –gritó Makenna llorando.

Makenna tuvo mucho miedo. Pensó en Martín y en la situación peligrosa, pero también pensó: *«¡Ajá! ¡Es una mina de oro!»*. Jacques sacó una pistola y le apuntó a Martín en la cabeza.

– Ven aquí Makenna. Lentamente –ordenó Jacques con una voz siniestra–. Dame el teléfono y los dos se pueden ir.

Makenna caminó lentamente hacia Jacques pero no le dio el teléfono. Makenna levantó el teléfono y sacó una foto de Jacques. Frenéticamente intentó mandar un mensaje de texto a su hermana con la foto. Ya era de noche y Makenna no sabía si podía ver la cara de Jacques bien o no.

– ¿Qué haces? ¡Dame el teléfono! –gritó Jacques con impaciencia.

– Nada –respondió Makenna–. Solo quiero que las autoridades tengan una foto de su cara, Señor Mauvais.

– Tú eres tonta. ¿Crees que hay señal telefónica aquí? –dijo Jacques sarcásticamente–. Dame el teléfono… ¡ahora!

Makenna no sabía si tenía señal telefónica o no. Pero no quería darle el teléfono a Jacques. Tenía toda la evidencia. Si Jacques recibiera el teléfono, no tendría chance de escapar con vida. Makenna levantó el teléfono y con mucha fuerza lo tiró hacía la selva. En la noche, Jacques no iba a ver el teléfono en la selva. Enfurecido, Jacques caminó hacia Makenna y la agarró del brazo fuertemente.

– ¿Con quién hablaste? –le preguntó Jacques, furioso–. Dime. Yo sé que entraste a mi casa. ¿Hablaste con Carolina?

– Makenna no sabe nada –le respondió Martín furioso–. Por favor… déjala ir.

Uno de los oficiales le pegó a Martín en la cara.

– ¡Cierra la boca! El Señor Mauvais no te estaba hablando a ti.

Jacques agarró el brazo de Makenna más fuerte. Makenna tuvo mucho miedo y respondió con voz de pánico:

– Llamé a un oficial de MINAE. Pero él no me creyó. No pasa nada. No hablaré más. Déjenos ir por favor y no causaremos más problemas.

– Es verdad… Ustedes no causarán más problemas –respondió Jacques riéndose cruelmente–. No, no creo que se vayan a ir. Cometí un error cuando hablé de mis actividades con la madre de Martín. Yo creí que ella me ayudaría. Pero ella quiso hablar con los oficiales también. Por eso ella tuvo que irse de vacaciones. Qué triste que ella haya muerto.

Martín levantó la cara y dijo con disgusto y odio:

– ¿Mataste a mi madre?

Jacques miró a su hijastro en la cara, se rio y le dijo:

– ¡Claro que no! ¡Yo no mato! Yo solo doy las órdenes.

En ese momento, Makenna levantó la cabeza. Vio las luces de una de las máquinas en la mina. La máquina empezó a trabajar. Estaba excavando. ¿Excavaban una tumba? Jacques miró hacia la mina y les dijo:

– Uds. van a ver la mina. Pueden buscar el oro. No voy a matarlos. Pero no sé si puedan respirar a dónde van a ir.

A Makenna le entró pánico. Jacques Mauvais iba a matarlos. Iba a excavar una tumba y matarlos… o dejarlos en la tumba… vivos.

De repente, Makenna escuchó una voz familiar:

– ¡Jacques Mauvais! ¡Está bajo arresto! Levante las manos y deje ir a los muchachos.

Makenna miró con sorpresa cuando Juan Carlos, un grupo de oficiales de MINAE y policías llegaron. Todos los oficiales tenían pistolas. Cuando los guardias de Jacques vieron a todos los policías, ellos levantaron las manos.

Capítulo 13
Sanos y salvos[1]

Los policías se llevaron a Jacques y a los guardias, y una ambulancia llegó para llevarse a Martín. Martín estaba en la ambulancia con los paramédicos. Makenna fue a hablar con él:

– ¡Martín! Tuve mucho miedo. Pensé que íbamos a morir en la mina.

[1]sanos y salvos - safe and sound

Martín estaba cansado pero le sonrió a Makenna y le dijo:

– Makenna, todo está bien ahora.

Martín tomó la mano de Makenna, y ella pensó en el momento en el puente cuando Martín tomó su mano para que no tuviera miedo. Los paramédicos querían irse y estaban un poco impacientes, pero a Makenna no le importó.

– Martín, ¡te quiero! –dijo Makenna y le dio un beso.

Era su primer beso y a Makenna no le importó que los paramédicos los miraran ni que se rieran.

– Ya, ya, ya –dijo uno de los paramédicos–. Chica, tienes que salir de la ambulancia. Prometo cuidar a tu novio, ¿eh?

El paramédico se reía y cerraba las puertas cuando Martín llamó:

– Oye, Makenna… te quiero también.

*****

Makenna regresó a la hacienda con Juan Carlos.

– ¿Por qué decidiste buscarme? –preguntó Makenna.

– Pues, tienes una historia de problemas, así que decidí investigar. Mencionaste la compañía Orotec. Encontré información sobre ellos en el internet. Ellos tienen una historia de actividades ilegales en Sudáfrica. Investigué más y vi que había una mina abandonada aquí. Era una mina legal hasta 2010 cuando el gobierno de Costa Rica declaró ilegal la minería del oro –le explicó Juan Carlos haciendo una pausa y entonces continuó–. También hablé con un amigo quien es detective para la policía de la provincia de Guanacaste. Resulta que estaban investigando a Jacques Mauvais por varias actividades fraudulentas. Y ahora confesó que dio órdenes para el homicidio de su esposa. Creo que no vamos a ver a Jacques por muchos años.

Makenna escuchó todo atentamente. Cuando Juan Carlos terminó ella dijo:

– Pues, posiblemente tú no seas tan bruto como yo pensaba. Gracias por todo.

Juan Carlos se rio.

– Solo hago mi trabajo.

Epílogo

Un año después

Era un día bonito de agosto en Michigan. Todos los estudiantes de la universidad de Michigan State buscaban sus clases, compraban sus libros y anticipaban el nuevo año en la universidad. Makenna y Martín estaban sentados enfrente del edificio de administración mirando el Red Cedar. Martín leía la revista People en Español, que tenía un artículo sobre su padrastro:

Jacques Mauvais es un financiero rico, un hombre elegante y guapo y el director de una organización que da refugio a las aves en peligro. Y ahora, también está encarcelado. Después de seis meses de testimonio en Guanacaste, Costa Rica, Mauvais va a pasar noventa y nueve años en la prisión.

La historia tiene lugar en un terreno que en el pasado era una plantación de café de la familia de la esposa de Mauvais, Lorena Brita. Cuando la Señora

Brita murió en 2008 bajo circunstancias misteriosas, Mauvais usó una parte del terreno para establecer una mina de oro. Operaba la mina hasta 2010 cuando el gobierno de Costa Rica declaró ilegal la minería del oro.

Según el testimonio de Carolina Figueroa, directora del refugio la 'Hacienda los Almendros', Jacques la manipulaba para controlar el refugio. Jacques donó el terreno al refugio y manipuló a la Señorita Figueroa para ser el director. Con el control del refugio, podía contratar empleados e importar maquinaria para operar la mina en secreto.

Otro detalle interesante es que Lorena Brita tenía un hijo, Martín Casas Brita, que debía recibir una gran herencia de su madre, pero Jacques Mauvais controlaba ese dinero también. Ya que Mauvais está en la prisión, Casas ha recuperado mucho del dinero de su madre, y ha dado una gran donación al refugio la 'Hacienda los Almendros'. También, ha establecido una organización que trabaja para limpiar el agua de Costa Rica.

Ahora Martín Casas Brita estudia Ciencias Ambientales en la universidad de Michigan State en los Estados Unidos y quiere regresar a Costa Rica un día para trabajar y vivir ahí.

– Estoy mucho más contento sin este bruto de padrastro en mi vida –dijo Martín cuando terminó el artículo–. Estoy muy contento de estar aquí contigo, Makenna.

– Estoy muy contenta de que estés aquí, pero El Río Red Cedar no es tan romántico como el Tempisque –dijo Makenna riéndose.

Entonces con un tono serio le dijo:

– Era buena cosa donar tanto dinero, Martín.

– El amor vale más que el dinero, Makenna.

Martín tomó la mano de Makenna y le preguntó con voz suave:

– ¿Estás segura de que quieres ser la novia de un estudiante freshman?

Makenna se rio. Le dio un beso y dijo:

– Claro que sí. ¡Pura vida!

Glosario

A

abajo - below

abierta - open

abrazó - s/he hugged

abrió - s/he opened

acompañó - s/he accompanied

adiós - good bye

adónde - (to) where

agarrado - grabbed; ahold

agarró - s/he grabbed

agua - water

ahí - here

ahora - now

algo - something

allí - there

almendra - almond

almendro - almond tree

alto - tall; high

amable - kind

amigo - friend

amiguita - little (female) friend

amor - love

año - year

aprendió - s/he learned

aquí - here

árbol - tree

arena - sand

así (que) - so

asistir - to attend

auriculares - headphones; earbuds

ave - bird

aviario - bird aviary (large cage for birds)

ayuda - s/he helps

ayudar - to help

ayudara - s/he helps

ayudaría - s/he would help

B

baila - s/he dances

bailaba - s/he was dancing

bailar - to dance

bailara - s/he dances

bailaron - they danced

bailó - s/he danced

bajo - short; low

baño - bathroom

besaba - s/he was kissing

besar - to kiss

beso - kiss

besó - s/he kissed

bien - well

73

Glosario

boca - mouth
bonito - pretty
brazo - arm
brillaba - s/he or it was shining
brillaban - they were shining
bruto - jerk; rude person
buen(o) - good
buscaba - s/he was looking for
buscaban - they were looking for
buscar - to look for
buscaré - I will look for
buscarlo - to look for it
buscas - you look for
buscó - s/he looked for
buzón - (voice) mailbox

C

cabello - hair
cabeza - head
cafetal - coffee field/grove; plantation
caja - box
calor - heat
cambio - change
caminaba - s/he was walking
caminaban - they were walking

caminando - walking
caminar - to walk
caminaron - they walked
camino - path; way
caminó - s/he walked
cansado - tired
capaz - capable
cara - face
(a) cargo de - in charge of
casa - house
(se) casaron - they married
casi - almost
casita - little house; cabin
(se) casó - s/he married
cataratas - waterfalls
catorce - fourteen
cena - dinner
cenamos - we eat dinner
cenar - to eat dinner
cerca - close
cerraba - s/he was closing
cerrada - closed
cerrar - to close
cerró - s/he closed
chica - girl
chico - boy
cierra - s/he closes
claro - clear; of course
coman - they eat

comedor - dining room
comentó - s/he commented
comer - to eat
comían - they were eating
comida - food
comieron - they ate
como - as; like
cómo - how
cómodo - comfortable
compraban - they were buying
comprendía - s/he understood
con - with
confiar - to trust
conmigo - with me
conocer - to know
conocía - s/he knew (a person)
conocido - known
conocieron - they met
contigo - with you
corazón - heart
corre - s/he runs
corres - you run
corrían - they were running
corriente - current
cosas - things
creer - to believe
crees - you believe

creí - I believed
creía - s/he used to believe
creo - I believe
creyó - s/he believed
cruzar - to cross
cruzaron - they crossed
cruzó - s/he crossed
cuál - which
cuando - when
cuánto - how much
cuántos - how many
cuarenta - forty
cuidaban - they were caring for
cuidado - care
cuidadosamente - carefully
cuidándolas - caring for them
cuidar - to care for

D

da - s/he gives
dado - given
dame - give me
dar - to give
de - of; from
de repente - suddenly
debajo - under
debía - s/he should; ought
debo - I should

decía - s/he used to say; was saying

decir - to say; to tell

decirle - to say/tell to him/her

deja - s/he leaves (person/object)

déjala - leave it/her (alone)

dejar - to leave (person/object)

dejara - s/he leaves

dejarlos - to leave them

dejaron - they left (a person or object)

deje - s/he leaves

déjenos - leave us

dejó - s/he left

dentro - inside

desconocido - unknown; stranger

desde - since

desilusionada - disappointed

despertó - s/he awoke

despiértense - wake up

después - after

detrás - behind

dicho - said

difícil - difficult

dije - I said

dijo - s/he said

dime - tell me

dinero - money

dio - s/he gave

Dios - God

dirigió - s/he directed

discoteca - night/dance club

domingo - Sunday

donde - where

dónde - where

dormir - to sleep

dormitorio - bedroom

doy - I give

dueños - owners

E

e - and

edificio - building

emocionada - excited

empezaron - they began

empezó - s/he began

(se) enamoró - s/he fell in love

encantaba - it was enchanting

encantado - enchanted (pleased to meet you)

encantaría - would enchant

encarcelado - in jail; incarcerated

encontraba - s/he was finding

encontrar - to find

encontraron - they found

encontré - I found

encontró - s/he found

enfrentar - to face

enfrente - in front

enfurecido - furious

enojado - angry

enojo - anger

entendía - s/he was understanding

entiendes - you understand

entonces - then

entre - between; among

era - s/he was

eran - they were

eres - you are

esa - that

escalar - to scale; to climb

escaló - s/he scaled; climbed

(se) escondieron - they hid (themselves)

(se) escondió - s/he hid (him/herself)

escribió - s/he wrote

escrito - written

escucha - s/he listens

escuchaba - s/he was listening

escuchaban - they were listening

escuchabas - you were listening

escuchando - listening

escucharon - they listened

escuchó - s/he listened

escuela - school

ese - that

eso - that

especie - type; species

esperaba - s/he was waiting; hoping

esperó - s/he waited; hoped

está - is

esta - this

estaba - was

estábamos - we were

estaban - they were

estabas - you were

estamos - we are

están - they are

estar - to be

estás - you are

esto - this

estoy - I am

estuvieron - they were

estuvo - s/he was

excavaban - they were digging

excavado - dug

excavando - digging

excavar - to dig

F

fácilmente - easily

felicidad - happiness

felicidades - congratulations

fríamente - coldly

frío - cold

fue - s/he was; went

fuera - were

fueron - they went

fuerte - strong; forceful; loud

fuertemente - strong; forcefully; loudly

fuerza - strength

G

ganamos - we win

gato - cat

gobierno - government

gracias - thanks

gran - large; great

grande - large

grave - serious

gritaban - they were yelling

gritando - yelling

gritó - s/he yelled

guapo - good-looking

(le) gusta - (something) pleases him/her (likes)

(le) gustaba - (something) was pleasing to him/her (liked)

(le) gustan - (they) are pleasing to him/her

(le) gustaría - (something) would please him/her; (s/he would like)

gustó - (something) pleased him/her; (liked)

H

ha - s/he has

había - s/he had

habían - they had

hablaba - s/he was talking

hablaban - they were talking

hablando - talking

hablar - to talk

hablaré - I will talk

hablarle - to talk to him/her

hablaron - they talked

hablarte - to talk to you

hablaste - you talked

hablé - I talked

habló - s/he talked

habría - there would be

hace - s/he or it makes/does

hacer - to make/do

haces - you make/do

hacia - toward

hacía - s/he was making/doing

hacienda - ranch; farm; large estate

haciendo - making; doing

haga - s/he does

hago - I make/do

hasta - until

hay - there is; there are

haya - there is; there are

herencia - inheritance

hermana - sister

hermanita - little sister

hicieron - they made/did

hija - daughter

hijastro - step son

hijo - son

hizo - s/he made/did

hola - hello

hombre - man

hoy - today

hubo - there was; there were

huevo - egg

I

iba - s/he was going

íbamos - we were going

iban - they were going

iguales - equal; the same

igualmente - equally; same here

incómoda - uncomfortable

invierno - winter

ir - to go

iría - s/he would go

irse - to go away; to leave

J

joven - young

junta - together

justo - fair; just

L

lado - side

lapa - a bird species

largo - long

leía - s/he was reading

lentamente - slowly

letrero - sign

levantaron - they stood up; got up

levante - s/he stands up; gets up

levantó - s/he stood up; got up

libreta - booklet

libro - book

limpia - clean

limpiar - to clean

limpieza - cleaning

lista - ready

llama - s/he calls

llamada - (phone) call

llamado - called

llámame - call me

llaman - they call

llamando - calling

llamar - to call

llamaran - they called

llamé - I called

llamo - I call

llamó - s/he called

llegamos - we arrive

llegar - to arrive

llegara - s/he arrived

llegaron - they arrived

llegó - s/he arrived

llegué - I arrived

llevaba - s/he was arriving

llevaban - they were wearing/carrying

llevar - to wear/carry

llevaron - they wore/carried

llevarse - to carry/take away

llevó - s/he wore/carried

llorando - crying

llorar - to cry

lloró - s/he cried

luces - lights

luego - later; then

lugar - place

luna - moon

lunes - Monday

luz - light

M

madrastra - stepmother

madre - mother

mal/malo - bad

maleta - suitcase

mañana - morning; tomorrow

mandó - s/he sent

mano - hand

mantenerse - to maintain

mar - sea

martes - Tuesday

más - more

matarlos - to kill them

mataste - you killed

mato - I kill

medio ambiente - environment

menos - less; minus; except

mesa - table

meses - months

miedo - fear

mientras - while

mijo - my son

mil - thousand

mira - s/he looks at/watches

miraba - s/he was looking at/watching

mirada - look

mirando - looking

mirar - to look

miraran - they looked at, watched

miraron - they looked at, watched

miró - s/he looked at, watched

mismo - same

montón - a ton; a bunch

morado - purple

moreno - brown; dark complexion

morir - to die

muchacha - young woman; girl

muchacho - young man; boy

muerto - dead

mujer - woman

murió - s/he died

muy - very

N

nada - nothing

nadar - to swim

nadaron - they swam

nadie - no one

nariz - nose

negra - black

ni - neither; nor

niño - child

noche - night

nombre - name

noticias - news

noventa - ninety

novia - girlfriend

novio - boyfriend

nuestro - our

nuevo - new

nunca - never

O

odias - you hate

odio - I hate

odió - s/he hated

oeste - west

oídos - ears

oigo - I hear

oír - to hear

ojos - eyes

oro - gold

oye - s/he hears

oyendo - hearing

oyeron - they heard

oyó - s/he heard

P

padrastro - stepfather

padre - father

padres - parents

palpitaba - heart was beating fast

para - for; in order to

parece - s/he or it seems/looks like

parecía - s/he or it seemed/looked like

parecían - they seemed/looked like

pareja - couple

pasa - s/he passes/spends (time)

pasaba - s/he was passing/spending (time); something was happening

pasado - past

pasando - passing/spending (time)/happening

pasar - to pass/spend (time)/happen

pasaron - they passed/spent (time)

pedir - to ask for

pegó - s/he hit

peligro - danger

peligroso - dangerous

pelo - hair

pensaba - s/he was thinking

pensaban - they were thinking

pensar - to think

pensara - s/he thought

pensé - I thought

pensó - s/he thought

pequeña - small

pero - but

perro - dog

pidiendo - asking for

pie - foot

piénsalo - think about it

plátano - banana

platos - plates; dishes

playa - beach

pobre - poor

poco - few; little

podemos - we can

poder - to be able

podía - s/he could/was able

podían - they could/were able

podría - s/he could

poner - to put/place

ponte - put on
por - for
porque - because
preguntaba - s/he was asking
preguntar - to ask
preguntas - questions
preguntó - s/he asked
(no te) preocupes - (don't) worry
primer/primero - first
prometo - I promise
propietarios - proprietors; owners
pudiera - s/he could
pudo - s/he could
pueda - s/he can
puedan - they can
puede - s/he can
pueden - they can
puedes - you can
puedo - I can
puente - bridge
puerta - door
pues - well
pulsó - pulsed; pushed (a button)
puso - s/he put

Q
que - that

qué - what
queda - s/he stays
quedaba - s/he was staying
quedó - s/he stayed
querer - to want; to love
quería - s/he wanted/loved
querían - they wanted/loved
quien - who
quién - who
quiere - s/he wants
quieren - they want
quieres - you want
quiero - I want
quince - fifteen
quisieron - they wanted
quiso - s/he wanted

R
raro - strange
razón - reason
recoger - to gather; pick up
reconoció - s/he recognized
recordaba - s/he was remembering
recordó - s/he remembered
recuerdas - you remember
regresaban - they were returning
regresar - to return
regresara - s/he return

83

regresaría - s/he would return

regresaste - you returned

regresó - s/he returned

reía - s/he was laughing

relájate - relax!

remedio - remedy; solution

rescaté - I rescued

respiración - breathing

respirar - to breathe

respiró - s/he breathed

respuesta - response

revista - magazine

rico - rich

rieran - they laughed

rieron - they laughed

río - river

rio - s/he laughed

ropa - clothing

rubio - blond

S

sábado - Saturday

sabe - s/he knows

saber - to know

sabes - you know

sabía - s/he knew

sabían - they knew

sabría - s/he would know

sacando - taking (out)

sacar - to take (out)

sacaría - s/he would take (out)

saco - I take (out)

sacó - s/he took (out)

sala - room; living room

salgan - they leave

salgas - you leave

salí - I left

salía - s/he was leaving

salieron - they left

salió - s/he left

salir - to leave

salsa - type of dancing

saluda - s/he greets

saludó - s/he greeted

salvó - s/he saved

sangre - blood

sé - I know

seas - you are

según - according to

segura - sure; safe

seguramente - surely

selva - jungle

semanas - weeks

señal - signal

señor - a man; sir; Mr.

señora - lady; ma'am; Mrs.

señorita - young woman; Miss

sentado - seated

sentaron - they sat

sentarse - to sit (down)

sentía - s/he felt

sentir - to feel

sentó - s/he sat

ser - to be

si - if

sí - yes

siempre - always

siéntate - sit down

(lo) siento - I'm sorry

siguiente - following

sillas - chairs

simpático - nice

sin - without

sintió - s/he felt

sobre - about

soga - rope

sol - sun

solo - alone; only

son - they are

sonido - sound

sonrieron - they smiled

sonrió - s/he smiled

sonrisa - smile

sonrojaba - s/he blushed

sonrojando - blushing

sonrojar - to blush

soy - I am

suave - soft; smooth; softly

suavemente - softly

súbete - come up; get in (vehicle)

subieron - they went up; they got in (vehicle)

subió - s/he went up; s/he got in (vehicle)

sudáfrica - South Africa

T

también - also

tan - so

tanto - so much

tapa - top; lid

tarde - afternoon; evening

tema - theme; topic

tendría - s/he would have

tenemos - we have

tener - to have

tengamos - we have

tengan - they have

tengas - you have

tengo - I have

tenía - s/he had

tenian - they had

tenías - you had

terminar - to finish

terminó - s/he finished

terreno - plot of land

testamento - will/testament

tica - Costa Rican female

tiempo - time

tiene - s/he has

tienen - they have

tienes - you have

tirar - to throw

tiró - s/he threw

toallas - towels

tocaba - s/he was touching

tocar - to touch

tocó - s/he touched

todavía - still; yet

todo - all

todos - all; every

tomando - taking

tomándole de - taking her by

tomar - to take

tomaron - they took

tomó - s/he took

tonto - dumb; silly

trabaja - s/he works

trabajaba - s/he was working

trabajadores - workers

trabajan - they work

trabajando - working

trabajar - to work

trabajaron - they worked

trabajo - job; work

trabajó - s/he worked

traje - suit

triste - sad

tristemente - sadly

tuve - I had

tuviera - s/he had

tuvieron - they had

tuvo - s/he had

U

último - last

V

va - s/he goes

valen - they are worth

vales - you are worth

valla - fence

vamos - we go; let's go

van - they go

vas - you go

vayan - they go

veía - s/he was seeing

veinte - twenty

veinticinco - twenty five

vemos - we see

ven - they see

vendido - sold
ventana - window
ver - to see
verás - you will see
verdad - truth
verde - green
verme - to see me
verte - to see you
ves - you see
vete - go away
vez - time
vi - I saw
vida - life
viejo - old
viera - s/he saw
vieran - they saw
vieron - they saw
vimos - we saw
vio - s/he saw
visto - seen
vives - you live
vivía - s/he was living
vivían - they were living
viviendo - living
vivió - s/he lived
vivir - to live
vivos - alive
volver - to return
volvieron - they returned

voy - I go
vuelta - turn; return

Y

y - and
ya - now; already; yet

Z

zapatos - shoes

More compelling reads to inspire and engage you!

40+ titles to choose from!

ALSO AVAILABLE AS E-LEARNING MODULES.